salvatore giuliano franco

IPOTESI SUL DOPO MORTE

(nell'arco di un brivido del tempo)

Youcanprint Self-Publishing

Titolo | Ipotesi sul dopo morte
Autore | Salvatore Giuliano Franco
Immagine di copertina a cura dell'Autore
ISBN | 978-88-91101-42-6

Youcanprint *Self-Publishing*
Via Roma, 73 - 73039 Tricase (LE) - Italy
www.youcanprint.it
info@youcanprint.it
Facebook: facebook.com/youcanprint.it
Twitter: twitter.com/youcanprintit

Miei cari improbabili lettori
... quando e se mi avrete letto inviatemi, firmandolo, un vostro
personale pensiero, e io lo coglierò, riconoscente, per una
raccolta a tutti voi dedicata.

sagifra@hotmail.com

Primo colloquio con il lettore

Uno strano approccio

Se sei un ateo o credi appassionatamente in un qualche Dio affrettati a liberarti di questo mio scritto.

Tra le diverse ipotesi sul dopo Morte dovrò forse parlare anche del tuo credo o del tuo gelido materialismo, e io non voglio parlare a te che hai già trovato sicure risposte alle tue domande, non voglio creare delle crepe nel tuo muro di certezze, non desidero penetrare nella tua corazza: è vero invece che ti invidio, come solo Caino poteva invidiare Abele o, forse, Abele Caino.

Perché, chi è che davvero conosce l'Amore? colui che ama ed è riamato, o chi lo cerca e lo pretende, disperatamente?

Io posso solo parlare a chi dubita, a chi cerca senza nemmeno sapere cosa e senza mai nulla trovare, a chi ha fatto del dubbio il suo vestito della festa e il suo abito da lavoro.

Io voglio parlare a chi è come il cercatore d'oro, che filtra la terra di un intero monte e fa festa e si sente appagato delle sue lunghe fatiche quando, nel proprio setaccio, vede brillare il sole di una piccola, solitaria pepita: egli allora dimentica sofferenze e sacrifici e, per lui, tutto il tempo trascorso si restringe fino a scomparire, perché qualcosa ha trovato e, certamente, si tratta solo del principio.

Amo chi dubita e chi spera, chi cerca e non trova, chi grida e non si sente, e anche il disperato che urla e si dibatte come un sepolto vivo e chi, rassegnato, accetta soffrendo tutta l'illogicità e l'amoralità di questo nostro quotidiano sopravvivere.

Sarà molto difficile, per me, conservare la lucidità della mente e la serenità del cuore.

Perché allora mi sto accingendo ad affrontare una impresa per cui già prevedo grandi difficoltà concettuali e semantiche?

Perché ho appena perduto un fratello, un fratello che è anche il mio unico e vero amico.

Uso volutamente il presente perché quella che è per me, ora, solo una locuzione di speranza, diventerà, nel tempo che ci vorrà per dare corpo e struttura ai miei stessi pensieri, una certezza, o forse solo una intuizione di certezza.

Non voglio chiedere, a chi mi legge, dei propri scomparsi, dei propri dolori, delle sue sofferenze quotidiane, delle tante difficoltà che ostacolano ogni nostro passo su questa terra, e nemmeno chiedergli se abbia una qualche fede o una qualche povera speranza, o se, non riuscendo più a parlare con i vivi, parla a chi più non c'è, o soltanto a se stesso.

Io voglio qui tentare di esplorare, in modi che sarebbe forse azzardato definire razionali, ma che certamente non sono fideistici, quali altre strade potrebbe percorrere un uomo dopo la propria morte.

Mio fratello è morto in un ieri che è e sarà, sempre, per me, un eterno oggi, e dopo la sua morte nulla è accaduto, proprio nulla, assolutamente nulla: non ho quindi rivelazioni da fare, sensazioni da approfondire, vie da indicare, messaggi da trasmettere, traguardi da additare; ho solo un grande dolore che mi fa costante compagnia, come a voi i vostri, e una sola certezza, che tutto è talmente illogico da non poterlo razionalmente accettare.

E' di questo che voglio parlare, di questo nostro vivere illogico, dominato dal Male e dalla Morte, perché davvero è così, perché sono essi i nostri veri dominatori: e del Tempo.

Tutte le religioni e tutte le fedi tendono, in fondo, a farci accettare con serenità o a farci sopportare con rassegnazione quella che è una verità sotto gli occhi di tutti: il Male ci accompagna, ci governa e ci corrode, ogni istante che passa.

Chi ha la forza di opporsi a questo scorrere naturale viene poi ricordato, invocato, santificato, ma il fiume dell'orrore prosegue la sua corsa, indifferente, e sembra quasi che quei rari episodi gli diano invece maggior vigore e velocità.

Per ogni giusto che muore cento malvagi nascono.

Ho detto "giusto"? E' stato un errore. Non sappiamo davvero cosa sia la Giustizia, la Verità, la Vita, se non perché ben conosciamo l'ingiustizia, la falsità, la Morte.

Certi concetti ci sembrano chiari solo perché abbiamo una precisa conoscenza dei loro reciproci opposti; eppure tutte le fedi e tutte le religioni parlano di futuri diversi, ma li collocano, sempre, in altri tempi, in altri luoghi.

Qualcuno allora saprebbe dirmi, sinceramente, serenamente, perché l'oggi é così? solo perché, in un ipotetico e lontano domani, i buoni possano essere premiati e i cattivi puniti?

Sarebbe come affermare che questi sono funzionali a quelli! i secondi necessari ai primi!

Se la bontà, per essere tale, ha bisogno del Male, contraddice se stessa; se la vita, per manifestarsi, ha bisogno della Morte, sono allora proprio questi i suoi veri panni.

E' un argomento complesso che già tanti e di me migliori hanno discusso ed approfondito, ma io non voglio fare della filosofia: non mi interessa ciò che già è stato detto o scritto da chi, erudito nelle diverse discipline, ha discettato e discetta con competenza e autorità; io voglio solo ragionare in termini semplici e a tutti comprensibili, anche a me stesso.

Debbo parlare di bene e di male perché voglio, soprattutto, parlare della Morte e della Vita e di quanto, proprio questa, sia innaturale, immorale, irrazionale.

Sto battendo, su questa mia tastiera, parole che sembrano nascere per volontà propria: ho la mente come piena di nuvole, che non formano alcun disegno, c'è solo un forte vento che le anima, le compone e le scompone, le allinea e le disperde, ora colorate dai raggi di un sole che non si vede, ora grigie e nere come la notte.

Non so davvero da dove cominciare né ho idea di quale potrebbe essere la conclusione, e nemmeno se le mie, alla fine, saranno state parole di rassegnazione, disperazione, speranza o morte.

Affondo la faccia tra le mani mentre ascolto il regolare fruscio della ventola del computer che, solo, riempie tutto il mio silenzio. E attendo.

Secondo colloquio con il lettore

Una vaga teoria

Ogni cellula dell'uomo riproduce in sé stessa lo schema generale del corpo cui appartiene: questo è un dato certo e non c'è alcuna necessità di approfondire il significato di parole come gene, DNA, acido desossiribonucleico ecc., e ogni cellula è in fieri matrice di un Clone.

Sorge allora, spontaneamente, una domanda: il Clone ha o no la possibilità di avere una propria vita, del tutto indipendente dal Padre suo?

La scienza afferma che un individuo cresce e si sviluppa in dipendenza sia dei cosiddetti fattori ereditari ma anche e soprattutto a seguito degli infiniti condizionamenti ambientali e culturali. Si può quindi legittimamente ipotizzare che un Clone, pur nel rispetto di alcuni caratteri ereditari, possa svilupparsi secondo vie imprevedibili e innumerevoli, che ne faranno un essere disgiunto e diverso dal Padre.

La teoria Darwiniana, alla luce di recenti scoperte e sottoposta al vaglio sperimentale di computer sempre più sofisticati, sta mostrando tutte le sue pecche e approssimazioni: ciò che si dava per certo non è più tale; sono inoltre stati portati alla luce resti di esseri umani lontani tra loro, nel tempo, milioni di anni, eppure terribilmente simili, ma anche altri resti, assai dissimili, eppure coevi, pur se in regioni diverse; per non parlare delle mutagenesi studiate con i più moderni sistemi di Intelligenza Artificiale e che molto si discostano dalle assai radicate teorie Darwiniane.

Basterebbero poche semplici considerazioni, basate su dati inoppugnabili, per scardinare ogni ipotesi di un naturale e progressivo evoluzionismo, che abbia al suo centro l'uomo di oggi: l'Homo Sapiens.

I primissimi antenati dell'uomo vengono oggi datati a circa 24 milioni di anni fa, e il primo uomo-scimmia, specie Homo, si manifesta 14 milioni di anni fa, dopo ben 10 milioni di anni.

Poi debbono passare altri 12 milioni di anni per avere un Australopitecus e ancora 1 milione di anni per l'Homo Erectus e infine 900.000 anni per l'Uomo di Neanderthal.

Siamo quindi, visti i tempi, in pieno e vero evoluzionismo naturale, che definirei, più appropriatamente, come Evoluzione Spontanea.

Le metamorfosi naturali si misurano infatti in milioni di anni, e ciò sanno bene geologi e naturalisti, quando la loro buonafede non sia però oscurata e indirizzata da visioni settarie o da interessi economici o politici.

Ma ecco, improvvisamente, comparire l'Homo Sapiens, l'Uomo di Cro-Magnon, che cancella per sempre l'Uomo di Neanderthal.

Ma l'Uomo di Cro-Magon siamo noi!

L'Homo Sapiens, comparso solo 35.000 anni fa, è presto capace di organizzarsi in società, di costruire attrezzi e armi, di coltivare, di allevare famiglie di animali selezionate, di modellare l'argilla, anche se con alti e bassi inspiegabili, fino a una crescita che ha dell'incredibile, maturata solo in una decina di migliaia di anni, ripeto, solo in una decina di migliaia di anni: davvero un infinitesimo di tempo nella scala evolutiva, assolutamente anomala e assolutamente impossibile nell'arco di una Evoluzione Spontanea.

In alternativa però, le teorie degli Interventisti sono troppo legate ai dettami biblici, che pure vantano correlazioni storiche inoppugnabili, per poter davvero convincere chi, nel dubbio, si appella alla logica e alla razionalità.

Oggi qualunque nuova teoria fa migliaia di proseliti, e le sette e le conventicole proliferano, indisturbate, in un mondo che offre sempre meno certezze, e dove tutto è relativo.

Comunque, tutte le ipotesi hanno diritto di cittadinanza nella mente dell'uomo e non è detto che qualche verità non si celi anche là dove nessuno la cercherebbe.

Se la mente fosse davvero in grado di creare, allora ogni pensiero materializzerebbe realtà, ma non verità, in un caos primordiale.

Le teorie Darwiniane e quelle Interventiste mi danno solo risposte parziali e insoddisfacenti.

E se il nostro patrimonio genetico derivasse davvero da un unico progenitore? Sistemi di inseminazione e clonazione molto più avanzati dei nostri potrebbero aver dato, a un naufrago dello spazio, o a un qualche semidio, la possibilità di spargere il suo seme o i suoi cloni su tutta la terra.

Cambierebbero allora i valori in gioco, ma il problema resterebbe immutato con tutte le sue domande e i suoi perché, e tutti, ancora, senza risposta alcuna.

E' allora davvero inutile affannarsi nel tentativo di cercare chi furono i nostri progenitori, se non per il solo piacere che dà la conoscenza, ma non certo per motivi esistenziali: che siano essi terrestri o marziani, venuti da Vega o da Orione, migliaia o milioni di anni fa, creati da un soffio celeste o generati dagli oceani, non sposta di molto i termini del problema.

Noi tutti siamo, ora, qui, in questa piccola stilla di spazio-tempo, come qui è anche mio fratello Ugo.

Una vita dedicata allo studio, al lavoro, alla conoscenza;

tutta una vita dedicata a renderla più accettabile a coloro che amava o a chi, anche casualmente, giungeva, per sua fortuna, a contatto con lui. Incredibile conoscitore della storia e della geografia del mondo.

Maestro di scacchi e di bridge e tra i massimi esperti in campo informatico. Imbattibile a scopone e a tressette. Innamorato delle due figlie e della moglie, perduta prematuramente ancora troppo giovane.

Mio fratello, mio amico; zio e cognato ineguagliabile.

E ora, che il suo cuore più non batte, anche quella sua mente non c'è più. La sua materia grigia, le sue cìrconvoluzioni cerebrali, sono già in dissoluzione: terra alla terra, polvere alla polvere.

Ma può davvero tutto ridursi a questo?

Noi siamo davvero solo la somma delle sinapsi che si creano tra cellule altamente sofisticate, che vivono finché vengono ossigenate, e muoiono, per sempre, quando una povera pompa si ferma?

Tutto quello che è in basso è in alto, e tutto ciò che è in alto è in basso, dicevano gli antichi alchimisti.

Il microcosmo e il macrocosmo sono ambedue assoluti e infiniti nella reciproca unicità, dicevano i fIlosofi greci, ma già prima lo avevano asserito gli egizi e prima di loro i sumeri ed era stato scritto in sanscrito, e ogni società tribale ne conserva ancora la memoria.

I piccoli eventi hanno, nell'universo, lo stesso impatto dei grandi avvenimenti.

La morte di un solo uomo è_simile, nel suo significato e per la sua risonanza, alla scomparsa di una intera galassia. popolata da miliardi di vite.

Ma, allora?

Mio fratello è morto, una galassia è scomparsa, l'universo ha tremato, il corso degli eventi, con ripercussioni a valanga, è stato dirottato, con gli stessi effetti che può generare un fiume che si scava un nuovo letto.

Medesima importanza e pari portata hanno però, nel tempo, la morte di un orso polare, il volo di una rondine, la caduta di una foglia.

Questa è la cruda verità in questo nostro mondo.

Filosofi e scienziati, oggi, dopo oltre duemila anni, finalmente molto più vicini tra loro, lo attestano; il genio riesce anche a dimostrarlo, ma i semplici lo intuiscono; gli uomini di fede se ne fanno un cilicio e i materialisti se ne ammantano, ma nessuno, nessuno può più davvero dubitare di ciò che abbiamo intuito dalla notte dei tempi: la casualità accompagna ogni nostro passo, ogni nostra azione, ma essa non determina il nostro futuro, perché infinito è il numero delle possibili scelte.

Non c'è destino, necessità o Fato, solo il Caso regna sovrano, su tutto e su tutti.

Terzo colloquio con il lettore

La teoria si complica

Immaginiamo, per un istante, di percorrere insieme un breve periodo di vita di uno qualunque di noi, non di un anno o di un mese, ma solo di un giorno, e che, in questo solo giorno, siano avvenuti dieci piccoli fatti che abbiano comportato una qualche rapida decisione e, per semplicità, ipotizziamo ogni volta la possibilità di una semplice scelta binaria.

Dalla prima scelta alla decima il campo delle possibili e delle diverse strade percorribili passa, dai soli due primi possibili percorsi, a ben milleventiquattro, e se, invece di una semplice scelta binaria, avessimo dovuto optare ogni volta per una terna di possibilità, le diverse strade che avremmo potuto percorrere salgono a ben cinquantanovemilaquarantanove.

E se poi, ancora in quel solo giorno, la necessità di scegliere si fosse manifestata per venti volte, sempre davvero poche rispetto a quella che è, per ognuno di noi, la quotidiana realtà, le possibili strade percorribili diventano ben tremiliardiquattrocentottantaseimilionisettecentottantaquattromilaquattrocentouno.

E nell'arco di una sola vita il numero delle possibili vite diverse che ciascuno di noi avrebbe potuto vivere, per libera scelta, è maggiore del numero di atomi che compongono l'intero universo.

Non c'è quindi Fato o predestinazione, ma solo il Caso, che non conosce la differenza tra bene e male, tra giusto e ingiusto, tra vita e morte; è lui il costante e fedele compagno nel nostro breve viaggio.

Con un semplice spostamento delle due ultime lettere questo reggitore del mondo, il "Caso", diventa il "Caos".

Tutti, scienziati, religiosi, filosofi, affermano che "Prima c'era il Caos". Ma è possibile che il Caos sia stato piegato dalla "Non Legge" del Caso?

Ugo poteva essere, indifferentemente, re o galeotto, avere otto figli o nessuno, poteva anche non essermi fratello. Gli esseri da voi più amati potrebbero essere vivi i morti e morti i vivi, o non essere mai nati. E tu? E io? Mai esistiti! Chi ti conosce? Chi mi conosce? E l'amore che abbiamo provato, il dolore sofferto, le gioie godute, le delusioni, i rimpianti, i sogni, le paure, le speranze? Nulla ha più davvero valore, perché tutto poteva essere diverso!

Col cazzo! Col cazzo che accetto una tale sentenza!

Perché di sentenza si tratta, definitiva, conclusiva, senza appello.

Voglio allora costruirmi una teoria.

Ognuno di noi è, in realtà, ma nella realtà di un universo che oggi è fuori della nostra portata, la somma di tutti i suoi possibili "io": la somma di tutte quelle innumerevoli vite che avrebbe potuto vivere.

Ma, se questo fosse vero, ogni "io" sarebbe anche diverso dall'altro perché, al termine di ogni vita, ciascun "io" è soltanto la somma dei propri ricordi, delle proprie esperienze e delle proprie conquiste: spirituali e materiali.

Un solo "io" verrebbe così moltiplicato, dalle leggi del Caso, in milioni di "io", in miliardi di "io", tutti tra loro diversi, eppure tutti collegati, per origine, a un unico e solo tronco.

Anche la vita intrauterina soggiace alle leggi del Caso, e

il feto risente non solo degli stimoli esterni ma anche degli input fisici, psichici e psicologici che la madre gli trasmette.

Viene davvero allora da chiedersi se la Vita non sia tale già al momento della fecondazione e l'infinito reticolo di possibilità non cominci a dipanarsi già da quel primo iniziale istante.

Io oggi sono solo una lontana foglia del primo me stesso, ma anche l'unica, perché tutte le altre che potevano essere non sono state e, per fare di me quello che sono, la vita ha percorso appena alcune delle infinite strade del mio possibile e immenso labirinto personale, che ha tuttavia, come ogni labirinto, un solo ingresso e una sola uscita.

Così è per ciascuno di noi, di voi.

Si torna allora, ancora, al punto di partenza, e il nostro ragionare ci riconduce a ritenere valida la legge del Caso, per cui ciascuno di noi è solo uno dei tanti possibili frutti del suo stesso albero.

Questa non è soltanto una teoria ma una incontrovertibile realtà che viviamo giornalmente.

Solo un'affermazione totalizzante potrebbe rendere comprensibile e accettabile tale realtà.

Io credo che ogni "io" di questa nostra realtà sia solamente uno degli infiniti possibili aspetti di un altro "io", un altro "io" profondo e immutabile, il vero "io", e su di lui il Caso non ha potere alcuno, perché il Caso opera soltanto nel Tempo.

Si! Il Caso opera soltanto nel tempo!

Forse è questa la direzione giusta.

Se proviamo a togliere la dimensione Tempo dal nostro fluire ecco che le diverse successioni di eventi non hanno più alcun significato: ciò che è, è.

Io non fui e non sarò perché, semplicemente, sono.

Un attimo! Si può giungere alla stessa conclusione percorrendo una diversa via.

Nel nostro universo il presente non è mai tale; non si può dire "ora!", e nemmeno "sono!", perché ogni istante, per quanto piccolo e infinitesimo esso sia, non conosce stasi: esso è solo futuro prima ancora di essere, ed è passato già mentre è.

Noi, in verità, non possediamo mai il "presente", perché "tutto scorre", inesorabilmente.

Anche la fisica quantistica ha dovuto fare i conti con questa realtà e, in più, ha dovuto mettere in dubbio la stessa esistenza fisica della materia che viene ormai considerata solo come una momentanea forma di una energia su cui lo spazio e il tempo hanno sempre meno potere!

Il nostro ragionare ci ha però fatto trovare quello che sembra anche un primo punto fermo: questa quarta dimensione, il Tempo, in cui siamo totalmente immersi, non ci consente di possedere il presente.

Quarto colloquio con il lettore

Un punto di partenza

Rivediamo insieme, rapidamente, le principali tappe di questo nostro breve percorso.

Il nostro vivere quotidiano è governato da due entità reali, il Male e la Morte.

Il credente mi ribatterà che il pentimento cancella ogni colpa e che la Morte è solo la porta per un'altra vita.

Non voglio mettere qui in discussione la sua fede, che potrebbe essere anche la mia, ma, oggettivamente, non si può negare che, qui, in questo nostro mondo, Male e Morte formano un binomio vincente.

Un uomo che ruba, uccide, violenta, offende, ferisce, prevarica, per anni ed anni, crea, da solo, un universo di dolore: e poi si pente. OK. Egli, forse, troverà pure la sua pace, ma quello che ha fatto rimane e non si cancella e, quantitativamente, il carico di Male e Morte da lui prodotto è infinitamente più grande del poco bene compiuto e del suo stesso pentimento, che è cosa che riguarda solo lui e il suo Dio, e non cancella, come mai avvenuto, ciò che ha fatto.

Guardiamoci allora intorno e valutiamo il numero di coloro che operano, sia pure nel solo e semplice rispetto verso gli altri e verso se stessi, e quello, invece, di quanti riescono, o solo vorrebbero, piegare uomini ed eventi ai propri personali desideri.

Non c'è proporzione: Male e Morte governano davvero tutte le nostre vite.

Solo questo secolo, che si sta appena chiudendo, ha visto e vede un attacco massiccio a ogni forma di tolleranza e di amore, a ogni forma di vita, comunque si manifesti, a ogni pensiero positivo, a ogni forma di fede e di tradizione, a ogni tipo di morale o di governo illuminato; un attacco finalizzato alla distruzione e alla dissoluzione.

Abbiamo anche visto come le innumerevoli possibilità di vite diverse, per ciascuno di noi, non siano affatto soggette a un Fato ineluttabile o a un Destino già scritto, ma soltanto alle leggi del Caso e alle nostre scelte, anch'esse, troppo spesso, solo casuali.

Abbiamo però compreso che questo Caso, dominatore del nostro universo, è, esso stesso, racchiuso e compreso entro confini insuperabili: il Caso opera e può operare solo percorrendo la dimensione Tempo.

Ora, se si elimina la dimensione Tempo, e quindi il succedersi degli eventi, cioè passato e futuro, tutto diventa un eterno presente, tutte le azioni si coagulano, si congelano, c ciò che è, è, ed è la somma di tutto, anche di tutte le possibili vite nel tempo, di ciò che è stato e di ciò che sarà e anche di tutto quello che poteva essere.

In perfetta contraddizione abbiamo però visto che, nel nostro universo temporale, è il presente che non esiste e, come nel famoso apologo di Achille e la tartaruga, l'istante del raggiungimento non può mai essere davvero conquistato, come l' "ora", l' "adesso", che è solo transizione e, mai raggiungibile, può solo essere scavalcato.

L'antitesi è davvero perfetta nella sua incredibile semplicità: in un universo temporale il presente non esiste; in un universo senza tempo esiste solo il presente.

Questo deve farci riflettere.

Non ho detto nulla di strano o di non già noto, ma dalla contrapposizione delle due affermazioni, ambedue vere, deve, necessariamente, scaturire una sintesi che le comprenda e le superi.

Dobbiamo partire da qui, anche se le nebbie della notte ci avvolgono, mentre i dubbi ci assalgono, avendo come fede la speranza a cui mi aggrappo, ci aggrappiamo, come naufraghi a un relitto in un mare torbido, sotto un cielo che nemmeno ci consente di vedere le stelle.

Quinto colloquio con il lettore

Un po' di relatività

Si è parlato di un universo senza tempo, ma nel nostro universo il Tempo esiste e non si può certo cancellarlo con un semplice atto di volontà.

Sappiamo che un'ombra ha due sole dimensioni, lunghezza e larghezza, ma non ha spessore, profondità.

Immaginiamo allora, come già fece Einstein quasi cento anni fa, degli esseri che vivano in un mondo a due dimensioni, come piccole ombre, e che questo loro mondo sia la superficie di una gigantesca arancia.

Per andare dal punto A al punto B, sulla buccia di questa arancia, le piccole ombre possono seguire infiniti percorsi, ma, tra tanti archi, uno solo sarà quello più breve. Noi però, che ci muoviamo in uno spazio a tre dimensioni, sappiamo quanto il loro convincimento sia erroneo.

A e B possono essere collegati con un percorso assai più breve dell'arco minimo che i nostri esseri ombra hanno misurato, ed è il segmento che, passando all'interno dell'arancia, unisce quei due punti.

Gli esseri ombra però non conoscono la terza dimensione, che è spessore, profondità e, anche se i loro matematici e filosofi possono intuirla e persino dimostrarne l'esistenza, non potranno mai possederla e operare in essa, perché sia loro che gli strumenti da essi stessi ideati e costruiti. sono a quella totalmente estranei.

Procediamo con un esempio ancora più riduttivo.

Immaginiamo degli esseri che abbiano una sola dimensione: essi quindi si muovono tutti lungo una linea e se pure questa linea descrivesse tante curve su di un piano, essi non potrebbero mai apprezzarne il percorso, conoscendo solo il senso del loro procedere, e due punti senza dimensioni, uno davanti a sé e un altro dietro.

Per ciascuno dei nostri esseri unidimensionali ogni punto della linea è futuro prima di raggiungerlo e passato subito dopo; proprio come per noi è il Tempo, che fluisce lungo una sola direzione e possiede un unico verso.

Se uno dei nostri esseri riuscisse a evolversi dimensionalmente e potesse abbandonare la propria linea e muoversi nel piano, egli riuscirebbe finalmente a vedere molti dei suoi simili e anche il proprio passato e il proprio futuro.

Se a entrare in possesso di un'altra dimensione fossero invece i nostri amici ombra, anche le loro percezioni subirebbero un duro colpo.

Supponiamo che il loro mondo, la superficie della grande arancia, sia invece la superficie di una gigantesca patata, piena di protuberanze: tutte le nostre ipotesi e i nostri ragionamenti rimarrebbero tutti egualmente validi.

Per un essere ombra bidimensionale una superficie è sempre e soltanto una superficie, per quanto essa sia contorta nello spazio, perché egli ignora quella dimensione che ci dà lo spessore, e l'alto, e il basso: egli non può avere il senso della spazialità perché non può nemmeno afferrarne il significato; lui e tutti gli strumenti di cui può avvalersi sono solo ombre senza consistenza.

Ipotizziamo allora che uno di questi esseri venga a trovarsi improvvisamente in possesso della terza dimensione: la prima rivelazione sarebbe quella che il suo spostamento potrebbe procedere sia per vie interne che per vie esterne.

Questo è un concetto importante. Se il nostro esploratore

si rendesse conto di vivere nel punto A di una protuberanza della grande patata, egli capirebbe, come già abbiamo visto, che potrebbe raggiungere il punto B, che si trova magari agli antipodi, percorrendo la via rappresentata dal segmento interno che collega A e B.

Agli occhi dei suoi simili egli cesserebbe di esistere nel punto A per tornare a esistere nel punto B. E se il punto B si trovasse su una protuberanza diversa dalla prima, ma ad essa contigua, al nostro amico basterebbe percorrere il segmento che unisce A con B, ma questa volta percorrendo lo spazio esterno alla grande patata. Agli occhi dei suoi simili egli, ancora una volta, cesserebbe di esistere nel punto A per tornare a esistere nel punto B.

Pensiamo ora la nostra gigantesca patata come un involucro ombra, perfettamente compatibile con la bidimensionalità dei nostri microscopici amici.

Lo spazio che il nostro super-esploratore dovrebbe affrontare sarebbe quindi di due tipi, uno spazio esterno all'involucro e uno spazio a esso interno, e in questi spazi non valgono più le leggi fisiche del suo piano-tempo, quindi possiamo facilmente ipotizzare che i tempi necessari per muoversi nel suo mondo non siano comparabili con quelli del suo nuovo spazio-tempo, che poi è il nostro: il suo uscire e rientrare nel suo piano-tempo potrebbe anche avvenire in infinitesimi di tempo locale, in dipendenza della reale distanza del punto A dal punto B in uno spazio a tre dimensioni.

Comunque si esamini il problema possiamo trarne almeno una nuova certezza: il Tempo va considerato alla stregua di una dimensione che si aggiunge alle tre di cui abbiamo diretta cognizione.

Una dimensione limitante e vincolante, come lo sono le altre tre, ma che non le contraddice.

In matematica e in fisica leggi e teoremi vengono spesso verificati come validi anche per spazi a "n" dimensioni, e non credo proprio che si tratti di pure astrazioni, ma di rapidi sguardi dati su mondi certamente possibili ma a noi non accessibili.

Se quello che ho chiamato il nostro "io profondo" fosse capace di superare il Tempo, come l'essere a una sola dimensione che, liberatosi nella seconda e magari anche nella terza, può finalmente guardare al suo vivere lungo la linea, dall'esterno, allora anche per noi questo vivere alieno, che riesce solo a farci oscillare tra Male e Morte, potrebbe finalmente avere un suo ancora ignoto significato.

Sesto colloquio con il lettore

Un passo più in là

L'universo è un coacervo di vibrazioni e movimento. Gli antichi credevano che tutto, anche il vuoto astrale, fosse permeato dall'Etere, sostanza inconsistente e indefinibile, la cui esistenza consentiva però di rispondere a tante domande.

La fisica Newtoniana ha dato molte certezze stabilendo la realtà della materia, attraverso l'atomo e i suoi componenti, il nesso di causalità, la natura della luce, la misurabilità dei fenomeni e l'esistenza dei riferimenti.

Da Einstein in poi tutto è stato rimesso in discussione: la materia è sempre più inconsistente, i legami causa-effetto non reggono alla teoria delle catastrofi, non esistono più riferimenti e quindi non esiste più misurabilità, la luce è sempre meno corpuscolare e sempre più fenomeno ondulatorio, anche se, proprio per la spiegazione di molti fenomeni, è necessario attribuirle spesso la natura corpuscolare.

Se però, mutatis mutandis, la luce avesse natura ondulatoria sarebbe allora indispensabile presupporre il necessario mezzo di trasmissione: dovremmo quindi ritornare all'Etere.

Immaginiamo ora un grande lago calmo e un sasso che cada nel suo centro. Subito si formano tante onde concentriche che, sempre più attenuate, giungono a riva, ma senza effettivo movimento di acqua, si tratta solo di una trasmissione di moto attraverso il mezzo, di sola e pura energia, come quando due persone prendono in mano ciascuna l'estremo di una lunga corda tesa tra loro, e poi, uno dei due, con un rapido movimento del braccio, impone alla corda un'onda, una serie di onde, che la percorrono tutta.

Ogni punto della corda si muove, su e giù, mentre le onde la percorrono da un capo all'altro, ma senza che nessun punto della corda si sposti effettivamente da un capo all'altro. Si tratta infatti di vibrazioni, con una propria frequenza, una propria intensità e una ben definita lunghezza d'onda: proprio come si teorizza avvenga per la luce.

E' solo trasmissione di energia e non di materia, che presuppone però un mezzo attraverso cui operare.

Tutte le azioni che noi compiamo e anche le parole che pronunciamo provocano variazioni sensibili che, sia pure impercettibilmente, modificano tutto il nostro universo.

,L'immagine di me che alzo, ora, i pugni al cielo, potrebbe essere vista su Proxima Centauri tra circa cinque anni, così come, solo ora, noi vediamo quello che lì avvenne cinque anni fa.

Quella stessa immagine potrebbe essere vista negli anni e nei secoli e nei millenni a venire, in ogni punto della nostra galassia e, in tempi immensamente più lunghi, in ogni punto del nostro universo.

E ancora.

Il pugno che io batto sul tavolo produce vibrazioni che, sempre più attenuate, vengono assorbite dalla intera massa della nostra Terra, senza alcuna soluzione di continuità, e tali permangono fino alla fine del nostro tempo.

In un domani tecnologicamente assai più evoluto, mediante opportuni impianti selezionanti e amplificanti, tutto quello che ho detto, fatto, scritto, potrebbe essere ricostruito nei minimi particolari, senza per questo esaurirne l'eco.

Una volta che un quid è, nel nostro spazio-tempo, esso lo è per sempre.

Il "nulla si crea e nulla si distrugge" è, per ora, una delle poche certezze su cui impostare la nostra conversazione, ma l'assunto è naturalmente valido solo nel nostro universo.

E' allora opportuno parlare del concetto di "entropia".

Esso recita che in ogni trasformazione energetica il rendimento non è mai pari al 100%: l'energia che si perde nel corso della trasformazione va ad aumentare il fattore entropico del nostro universo, che è il continuo e inarrestabile degrado di ogni forma di energia, fino all'appiattimento e alla stasi finale.

Proverò a meglio chiarire l'asserto con un esempio.

L'acqua di una cascata aziona delle gigantesche turbine, ma l'energia di movimento dell'acqua non viene sfruttata al 100% dai rotori delle turbine, parte si disperderà come calore d'urto sulle palette, come calore da frizione tra le parti in movimento, e anche come movimento d'aria; i rotori sono grandi magneti che ruotano all'interno di particolari bobine in cui viene indotta corrente proprio dal ruotare dei magneti. La quantità di energia prodotta sotto forma di corrente non è mai pari a quella meccanica dei rotori: parte di essa, anche se piccola, si disperderà sotto forma di calore attraverso mille diversi rivoli.

Poi avremo le perdite di energia dovute alle diverse trasformazioni per rendere impiegabile l'energia elettrica prodotta, e infine la grande dispersione dovuta al trasporto di corrente, anche se attraverso cavi e conduttori molto sofisticati.

Ma non basta ancora: l'energia elettrica che utilizziamo nelle nostre case si disperde sia attraverso i mezzi utilizzatori, sia nel corso dell'utilizzo: se, ad esempio, attiviamo un forno, l'energia finale si disperderà sia per i processi di trasformazione legati al processo di cottura, sia in calore non utilizzato.

L'energia è proprio come un fiume che scende dall'alto dei monti e si disperde in mille rivoli e continua la sua corsa fino al mare esaurendo, in esso, ogni ulteriore capacità di compiere lavoro; il ciclo poi ricomincia, ma sfruttando una grande riserva energetica esterna, il Sole.

Se però consideriamo l'intero nostro universo come un sistema chiuso, tutte le fonti energetiche sono in esso comprese, e tutte sono soggette allo stesso continuo e inarrestabile degrado.

Energia è movimento e quando quella sarà esaurita avremo anche, alla fine, l'arresto di ogni moto, nel macrocosmo come nel microcosmo.

Tra miliardi e miliardi di anni l'unica e ultima forza ancora operante sarà, forse, quella di gravità.

Le galassie collasseranno le une sulle altre e così le stelle e i pianeti, le molecole e gli atomi, gli elettroni e i neutroni e le decine di nuove particelle di antica e più recente scoperta. Tutto l'immenso universo si ridurrà a una sola e unica piccola sfera supercompressa: senza più spazio e senza più Tempo.

Di fronte all'enormità del Tempo, espresso in miliardi di anni, tutti gli eventi, anche i più importanti, perdono di significato.

Chi mai potrà ancora ricordare, tra migliaia, milioni, miliardi di anni, Alessandro, Cesare, Napoleone, o Beethoven, Puccini, Mozart, oppure Pirandello, Shakespeare, Leopardi, o ancora, Leonardo, Raffaello, Michelangelo, o i grandi filosofi, i grandi Profeti, le grandi Religioni?

Avremmo davvero, tutti, vissuto inutilmente i nostri brevissimi archi di tempo?

E se anche le nostre parole e le nostre azioni fossero a noi sopravvissute sotto forma di vibrazioni sempre più tenui ma risonanti nell'universo per miliardi di anni, quella piccola sfera supercompressa, in un domani così vicino, come lo è la veglia al sonno, non metterebbe forse fine a tutto?

E Ugo e te e me?

I pensieri mi ronzano in testa come api impazzite: mi sembra quasi di afferrare qualcosa che, sempre, sfugge e scompare.

Qualcuno ha detto: "quando hai esaurito tutte le probabilità e poi anche tutte le improbabilità e alla fine ti rimane solo l'impossibile, non disperare, forse la risposta è quella".

Settimo colloquio con il lettore

Un po' di amara chiarezza

I nostri colloqui ci conducono ad alcune inevitabili conclusioni, il cui significato escatologico trascende ogni altro
significato immediatamente apprezzabile; vediamo di enu-
clearle insieme.

Allungare la vita dell'uomo, anche di mille o diecimila
anni, non muta i termini del problema né fornisce risposta
alcuna.

Se poi anche, in un lontano domani, una qualche ipoteti-
ca supercivìltà tecnologica riuscisse a resuscitare i morti,
tutti i morti, ebbene, di nuovo, non avremmo ancora né soluzioni né risposte.

E ancora, se avessimo la capacità di dominare la materia
e la nostra stessa vita, nella sua più intima costituzione cel-
lulare e genetica, ebbene, anche allora, non muterebbero i
termini del problema: sempre senza soluzioni né risposte.

La fine di tutto, del tutto, che avvenga ineluttabilmente
tra quindici miliardi di anni o tra soli quindici giorni, ridi-
mensiona e riduce, ogni sia pure grande conquista scientifi-
ca e tecnologica, a valori davvero minimali.

Quella piccola sfera di materia supercompressa, priva di
dimensioni, tempo, memoria, ci pone sempre l'antica
triplice domanda: chi siamo? da dove veniamo? dove andiamo? e quella che tutte le comprende: perché siamo?

In quella sfera non esiste più resurrezione, reincarnazione, afflato con la natura, scintilla nella fiamma, ma solo un
materialismo assoluto, senza più dei e senza nemmeno la
materia.

In quella sfera trovano sepoltura, definitiva sepoltura, il bene e il male, la morale e la giustizia, l'amore e l'odio, il sogno e la speranza.

Allora non dobbiamo più giocare con i ma e con i se, non possiamo ancora autoingannarci con le nostre stesse parole o prestare orecchio a chi, con buone intenzioni, vuole addolcirci la più amara delle realtà.

Il nostro mondo, lo abbiamo visto insieme, non ha un presente, ma nemmeno un passato perché non esiste futuro.

Dobbiamo meditare a fondo su queste verità, perché di verità si tratta.

Scienziati e filosofi, tutti, se messi alle strette, non possono non condividere le nostre stesse conclusioni, perché, sempre, la verità si afferma da sola.

Quando riduciamo il lungo elastico del tempo alle sue vere dimensioni, solo allora comprendiamo quanto esse siano davvero minime: un istante lungo trenta miliardi di anni, ma sempre un istante!

La morte di Eistein e quella di un serial killer, la visione di un Papa ecumenico e quella di un dogmatico integralista islamico, il respiro di un Ghandi e quello di uno Stalin, l'approccio alla vita di un San Francesco e quella di un Hitler, ebbene, tutte, ma proprio tutte, sono davvero tra loro equipollenti.

Il materialismo ateo conduce a quella sola e unica conclusione.

Il nostro vivere è, in realtà, solo un quotidiano morire, e la fine di un solo uomo anticipa, di poco, quella dell'intero nostro universo.

Una nuova religione potrebbe allora predicare: rubate, perché non c'è morale; stuprate, perché non c'è pietà; uccidete, perché non c'è giustizia; fate tutto ciò che volete, perché il fine ultimo è soltanto la stasi, la morte, la dissoluzione del tutto.

Quello che precede lo scrissi qualche giorno dopo la morte di mio fratello Ugo, il 12 febbraio 1999.
Quello che segue lo sto scrivendo sette anni dopo, nel febbraio del 2006, dopo aver letto, solo ora, quello che avevo scritto allora.

Ottavo colloquio con il lettore

Vorrei

E' davvero orrido l'orrido in cui sono precipitato, costruito dalle mie stesse parole.

Potrei uscirne dicendo: "...non è quindi né probabile né possibile che sia questo lo scopo della creazione. E' allora nella Fede che si trova scopo e conforto e, sempre in essa, il completamento di quella morale naturale che sentiamo pulsare dentro di noi dal primo vagito all'ultimo sospiro."

Ma non mi basta, scienza e ragione, così come mi hanno scaraventato nel baratro, debbono ora darmi degli appigli per tirarmene fuori.

Forse ora comprendo meglio perché, in Massoneria, s'invoca il Grande Architetto dell'Universo, strana mescolanza di Razionalità e Spiritualità.

Vorrei allora provare a tirar fuori dal mio animo, dal vostro animo, qualcosa di più forte della sola speranza, anche se mai potremo parlare di certezze.

Ho in mente una idea che non riesco a formulare in termini comprensibili, quasi una intuizione, o meglio, come il ricordo vago di un sogno lontanissimo.

Parlerò in prima persona, ma al mio "io" puoi e devi sostituire il tuo "io"; tutti voi che mi leggete siete, con me, i protagonisti di questo strano delirio che, mentre scrivo, vado configurando.

Dunque, spazio e tempo sono valori inconsistenti e presto, prestissimo, forse tra solo quindici miliardi di anni, non più esistenti.

Il peso dell'uomo, anche del migliore, se riferito a quei

parametri, è nullo.

La stessa esistenza è priva di significato.

Se allora ipotizziamo, per non brancolare nel buio e nel nulla assoluto, l'esistenza dell'anima, questa dovrebbe essere di una essenza non soggetta né al tempo né allo spazio.

Però il ricordo, che è anch'esso l'essenza di ogni uomo, è tale solo in quanto dimensionato proprio in tali parametri: non c'è ricordo senza tempo e spazio, ma senza ricordo non c'è nemmeno l'individuo.

Dobbiamo allora necessariamente presumere l'esistenza di un'altra dimensione che ci consenta di vedere passato e futuro, racchiusi in un inalterabile presente.

Una dimensione che, forse, potrebbe essere percepibile solo abbandonando questo universo, attraversando quindi la sola porta a nostra disposizione, quella della morte fisica.

Tante volte mi sono chiesto, "...se esiste l'anima, come essenza svincolata dallo spazio a dal tempo, può avere ricordi? e quali mai ricordi avrà? quale la sua età? e se muoio vecchio e rimbambito quale istante e quale mio vissuto sarà per sempre congelato in lei? e un bimbo che muore quali mai ricordi porta con sé?"

E' allora giusto riaffermare con convinzione che io, tu, non siamo solo quello che oggi siamo, ma anche tutti quelli che potevamo essere: una infinità di altri individui, da me diversi perché figli di esperienze diverse, ma pur sempre "io" e "tu".

Ora, se i miei diversi possibili "io" sono davvero infiniti, come credo fermamente che sia, questo è vero anche per "te".

Non è allora verosimile che i nostri due infiniti, proprio perché infiniti, coincidano in un unico e solo infinito?

Tra i miei infiniti possibili modi di essere, proprio perché infiniti, ci sono allora anche tutti i tuoi. Quindi uno dei miei possibili "io" sei anche "tu" e un altro miliardo di "tu" e, viceversa, nei tuoi miliardi di "tu" ci sono anche tutti i miei "io". E questo vale per tutti.

Io sono allora anche mio padre, mia madre, mio fratello, mia moglie, le mie figlie, i miei nipoti, tutti coloro che sono stati, tutti coloro che sono e tutti coloro che saranno.

Al momento in cui i miei occhi si chiuderanno, sarà come uscire da un sogno, da un incubo, un incubo in cui infinite possibilità venivano vincolate e costrette a un percorso breve e limitante.

Come costringere l'oceano a scorrere tra le rive anguste di un ruscello che si costruisce con fatica le proprie sponde, percorrendo terreni cedevoli o petrosi, scorrendo per dolci pendii o precipitando per rocce e dirupi.

Siamo, allora, tutti gocce di uno stesso mare, in cui ritorneremo, e il nostro tempo è dato solo dallo scorrere, e la nostra apparente individualità dalla sola diversità dei percorsi, la cui lunghezza è davvero ininfluente.

E' una teoria che darebbe molte risposte a molte domande.

Mi piacerebbe abbracciarla e sentirla viva dentro di me, ma resterebbe però in piedi qualcosa di poco chiaro e per me davvero incomprensibile.

Nasce infatti una domanda: e tutti gli Hitler che sono vissuti tra noi, che vivono e che vivranno ancora tra noi, sono anch'essi parte di me e di te anzi, sono anch'essi "tu" ed "io"?

Uno psicologo ci va a nozze con un dilemma del genere e risponderebbe subito con un 'si' convinto, discettando sulla coesistenza, in ogni uomo, del bene e del male, sull'importanza dei condizionamenti, sulle individuali capacità o incapacità di giudizio, argomentando sulle tesi di Freud o sulle teorie di Young, fino ad affermare che, nel fondo dell'animo di ogni uomo vivono, quasi in simbiosi, Hitler e San Francesco.

Questo però non mi convince affatto.

Davvero allora ogni cosa, pensieri, parole, azioni, perderebbero di significato e con esse l'intero universo, in nome di un relativismo che già ci priva di ogni valore e ci nega ogni finalità. Io vorrei credere in un diverso fattore.

Vorrei credere nell'Amore.

L'amore inteso come forza di coesione, così come l'odio è forza disgregante.

L'acqua è formata da innumerevoli gocce, l'una all'altra legata dalla forza di coesione. Si può riempire un bicchiere ben oltre la sua capacità grazie a quella forza che diventa tensione superficiale.

E l'amalgama delle gocce che scorrono e si fondono, l'una con l'altra, quasi un atto d'amore, giunge finalmente, anche se per vie diverse, in un mare che tutte raccoglie e accoglie, ma quelle invece che sono incapaci di amare, che non si fondono le une con le altre, vengono allora, ineluttabilmente, assorbite dal suolo, per restare così cementate, per sempre, nel profondo.

Inesistenti, perché non sono mai esistite davvero.

Non tutta l'acqua giunge al mare.

Il perdono non è un diritto, è una conquista.

Forse il Male è solo una prova.

Questa visione mi dona quasi un senso di pace.

Credere: credere, non di rivedere un giorno e finalmente riunirmi a tutti coloro che ho amato e che amo, ma credere di essere anche loro, tutti chiusi in un unico io, immenso e infinito, in una dimensione oggi incomprensibile, come lo è lo spessore all'ombra.

Credere: credere che la giustizia sia un valore sovrano e imperscrutabile e che, in fondo, il nostro percorso terreno abbia davvero un significato e un fine; ebbene, forse questo credere mi aiuterà, ti aiuterà, ci aiuterà, a sopportare l'attesa, senza inveire contro un fato avverso, senza macerarsi per le sofferenze che tanti uomini infliggono ad altri uomini, senza vanamente sperare in paradisi su misura o in nirvana estranianti.

Voglio allora credere che oltre l'amore fisico e spirituale c'è un più grande amore, senza limiti di tempo e di spazio, che tutti ci avvince in uno, e che questo breve percorso è già ricordo e rimpianto solo per chi ancora non intuisce ciò che sarà, ciò che già è.

...ora però mi chiedo:

perché mai un papa-uomo della statura di Giovanni Paolo II ha tanto sofferto, più che per i suoi stessi tormenti, per tutti i mali che affliggono l'umanità, pur avendo una risposta a tutti i perché, sia pure fideistica, ma certo più ecumenica di quella che i nostri colloqui hanno faticosamente partorito?

...e, nota ultima:

...quale significato possiamo mai dare allo straziante grido interiore di Benedetto XVI ad Auschwitz, che è anche il mio grido, il tuo grido...

"Perché, Signore, hai taciuto? Perché hai potuto tollerare tutto questo?"

Mi trovo ricoverato al Campus Biomedico di Roma.
Sono qui per uno dei tanti mali che, ogni tanto, mi affliggo-
no ma, così come arrivano, presto se ne vanno, sconfitti
dalle attente cure e, forse, anche dall'azione delle mie sta-
minali che mi illudo di riuscire un poco ad influenzare.
Ripensando al mio piccolo saggio "Ipotesi sul dopo Mor-
te", vorrei riuscire a scrivere finalmente qualche parola
conclusiva, per poi poterlo editare, definitivamente.

Ultimo colloquio con il lettore

Oltre la realtà

Il Tempo ha battuto le ciglia ed io sono ancora qui, dopo altri sette anni, a confrontarmi con le stesse domande di quattordici anni fa e, sempre, senza risposta alcuna.

Quel carico di orrori e morte che impera su tutta la Terra e tutto e tutti travolge, non fa che aumentare, giorno dopo giorno.

Anche il più semplice vivere quotidiano della gente qualunque viene, impietosamente, sconvolto e rovesciato con vomeri ed erpici dalle zanne profonde.

Solo i demoniaci conduttori dei trattori sanno quello che fanno ma, forse, nemmeno loro conoscono il perché.

Nessun filosofo, scienziato, sociologo, religioso, potrebbe oggi negare che ciò che davvero conta, e tutti ci domina, è il danaro.

Ogni principio sociale, di buona politica, di afflato umano, viene accantonato e dimenticato, perché l'unico e vero scopo di ogni uomo di questa nostra era è l'arricchimento: il materiale arricchimento.

E poiché questo è sempre individuale, si realizza, necessariamente, a danno di tutti gli altri.

Più ricchezza e potere confluiscono nelle mani di pochi e più, tutti gli altri, vengono progressivamente schiavizzati per la costruzione dei templi di quelli, che mai ne sono paghi.

Tutte quelle qualità e virtù che dovrebbero, se coltivate in questa vita, prepararci e meritarci un mondo migliore, stanno rapidamente scomparendo e, forse, lo stesso DNA delle future generazioni, nemmeno ne conserverà la memoria.

Sono pochi i punti che ho maturato in questi anni.

Se c'è un Dio creatore un suo qualunque intervento sui fatti umani non è assolutamente possibile.

Intervenire significherebbe partecipare, e ogni partecipazione comporta coinvolgimento: sarebbe come attribuire a Dio tutte le debolezze, positive e negative, che affliggono l'uomo. Un Demiurgo Creatore non può avere sentimenti né provare sensazioni quali, per tutte, odio e Amore, anche se proprio questo potrebbe essere l'unico motore vivificatore del tutto.

Non è facile e certo non sembra logico accettare un Dio Demiurgo lontano dall'Uomo come lo è dalla Terra la più sperduta galassia e, insieme, immaginare l'Amore come animatore del tutto.

L'Amore come motore immoto, come causa prima, come ispiratore e promotore, pulsione del $\pi\alpha\nu\tau\alpha$ $\rho\epsilon\iota$: ingeneratosi nel Cristo?

E qui la mia più sofferta affermazione.

Io, il Cristo, desiderata emanazione di un Dio Demiurgo, non mi faccio crocifiggere per rimettere i peccati dell'uomo, ma per chiedere perdono all'uomo, a tutti gli uomini, buoni e cattivi, proprio perché tali.

Le mie pene e le mie sofferenze, assai più grandi di quelle materiali, è all'uomo che le offro, ed è a lui che io chiedo il perdono.

"Padre" direi, se questa fosse la Verità, "Tu sei il Creatore ed io l'intermediario, il mezzo, generato per redimere Te, Padre."

Troppo pesante è l'immenso manto di malvagità che copre la Terra e tutti ci avvolge.

Ma ora voglio abbandonare questi pensieri che mi turbinano nella testa come i vortici di un tornado.

Anche i pochi "miracoli" riconosciuti dalle supreme gerarchie della Chiesa o di altre Confessioni, faranno parte, in un futuro più o meno prossimo, di una casistica di cui è l'uomo stesso l'inconsapevole artefice.

Quindi, una volta per tutte, va detto che quel Dio o Demiurgo non è mai intervenuto, non interviene e mai interverrà per anche minimamente modificare il passato, il presente o il futuro dell'uomo.

Altro punto che mi vede dolorosamente convinto è la constatazione della ferocia e della devastante amoralità che l'uomo si porta dentro.

Nelle pagine di quattordici anni fa ho ben puntualizzato questo aspetto e credo che sia inutile puntellare ancora queste verità con pleonastiche argomentazioni.

La "bontà" è ormai stata ridotta a essere un istinto recessivo, come il desiderio di cova nelle galline.

Eliminando progressivamente, tra le ovaiole, tutte quelle che sentivano quell'istinto, si hanno oggi solo galline che, con l'uovo, non hanno più alcun punto di contatto empatico, se non lo stimolo per l'espulsione.

E' quello che sta accadendo agli uomini con i propri figli, ma anche con tutti quei sentimenti e moti dell'animo, diciamo pure positivi, e che, oggi, sono solo indici di debolezza e disadattamento all'ambiente.

Il terzo punto non è altrettanto semplificabile.

Quest'animale bipede, dotato di una certa intelligenza, che crede di essere al centro della Creazione, che futuro potrà mai avere o sperare?

La mia convinzione è che in questo spazio-tempo non esiste per lui alcuna possibilità di morte con resurrezione, premio o punizione: per lui non c'è alcuna eternità.

Quando sento parlare di metempsicosi o reincarnazione non riesco né a comprendere né a perdonare l'ingenuità di chi l'afferma.

Anche reincarnandosi cento volte si giungerà sempre e comunque alla fine ultima di questo nostro universo, temporalmente già assolutamente definito.

I tanti successivi passaggi dovrebbero portare ogni uomo al raggiungimento e alla conquista del suo bene supremo: OK, ma in quale mondo?

Sono convinto che la sofferenza non sia solo quella fisica: c'è un altro tipo di sofferenza che è nata con noi ed è in noi, e, diuturnamente, ci assilla con i suoi troppi perché.

Ho sempre creduto che tutti coloro che sentono questo tipo di sofferenza sviluppano in se stessi degli anticorpi al loro stesso vivere, che diventano poi quasi dei lasciapassare per ulteriori e ignote esperienze, come Sakespeare ha stupendamente tratteggiato nell'Amleto: "Quali mai sogni possono sorprenderci allorché il velo della morte scosso abbiamo da noi?"

Ma ora andiamo oltre.

Se il pensiero ha bisogno di parole allora anche lui è succubo del Tempo, eppure, l'ideogramma è già in parte fuori di esso, così come l'intuizione, la pulsione artistica, l'Amore.

Ci sono flash che talvolta illuminano il buio dei nostri percorsi: non hanno necessità dello spazio, e le ultime teorie quantistiche e, ancor più, l'incredibile non realtà olografica, ci stanno facendo percepire la vacuità delle dimensioni e delle misurazioni, inaffidabili fino all'inesistenza.

Se togliamo anche il Tempo, come già scrissi, ecco che tutto si rapprende in un Presente atemporale, l'hic et nunc diventa "è". Allora il mio immaginare, che faceva di quei soli dolenti gli eredi di un mondo diverso, va a farsi friggere, e ne sono lieto.

Ora forse riesco finalmente a intendere le parole del Cristo "..beati i poveri di spirito .."; esse mi hanno sempre perseguitato per la loro, per me, assoluta incomprensibilità.

Ma ecco che l'eterno Presente, e dire "eterno" è già una ingenua contraddizione, mi ridona tutti gli istanti vissuti, ma anche Giulio Cesare e Thutmose IV, mia nonna Elisa e Abramo, tutte le formiche calpestate e Gesù di Nazareth, e mio fratello Ugo, e il passato amore di Ornella, ma anche i Lager e la Shoah, i dinosauri e i miei più lontani futuri discendenti, la mia nascita e la mia morte, e l'alba e il tramonto di questo nostro Universo.

E quei "poveri di spirito" che non si sono mai auto inferto sofferenza alcuna, vivendo con semplicità e fiducia la propria vita, sono tutti partecipi dell' "è".

E allora.

Non chiederò mai all'ombra di spiegarmi lo spessore.

Non pretenderò quindi di avere risposte oltre quel bozzolo di spazio-tempo che ci avvolge.

L'umana ricerca non può però essere fermata ed io conservo e rivendico la mia curiosità.

Sono dunque l'intuizione, insieme a questa nuova certezza dell' "è", non più solo speranza, ma soprattutto l'Amore, che mi faranno da oggi buona compagnia, ora e sempre.

E così sia anche per te.

non è la **FINE**

Indice

youcanprint

www.ingramcontent.com/pod-product-compliance
Lightning Source LLC
La Vergne TN
LVHW051513170726
843492LV00002B/910